Nicht-Ganz-Dichtkunst

Komische Lyrik von

Dieter Behrens

1. Auflage September 2014
Herstellung und Verlag:
BoD – Books on Demand, Norderstedt
ISBN 978-3-7357-8264-9

Eine Frage vorweg

Wäre ein Poem
genehm?

Anwendungshinweis

Nach jedem Gedicht
sollst Du innehalten,
sonst kann es nicht gut
seine Wirkung entfalten.

Bedingung

Der Dichter braucht Stift und Papier,
vor allem aber Zuversicht,
dass er da etwas Großes schafft,
sonst schreibt er eben einfach nicht.

Nur so fallen dem Dichter
Gedichte ein:
Er muss mit sich selbst
im Reimen sein.

Gedanken des Dichters bei Betrachten seiner Socke

Stoff
noch
dicht.
Noch
nicht
Loch.

Bewerbung

Lieber, guter Dichtersmann,
schau Dir meine Verse an,
empfiehl mich dann in Deinen Kreisen,
will auch immer Dein Werk preisen.

Sehr verehrtes Lektorat,
ich sende Ihnen mein Traktat,
damit Sie mein Talent ermessen
und in bare Münze pressen.

Wohlgeborenster Verleger,
Ihr Verlag ist so integer,
dass sich dies, mein Manifest,
bei Ihnen nur verlegen lässt.

Viel geliebtes Publikum,
höflich bitt' ich Sie darum,
nehmen Sie mein Schaffen an,
dass ich vom Schreiben leben kann.

Dichter und Mensch

Der Dichter sitzt auf einem Stein
und horcht verzweifelt in sich rein,
ob überhaupt, und wenn ja, wann
und wie zer Werlt man leben kann.

Ihr edler Schein dünkt ihm vermeintlich,
tatsächlich sei sie lebensfeindlich,
weil Menschen durch ihr Tun und Trachten
die Welt zu eben dieser machten.

Ach, könnte nur die Welt genesen!
Doch hapert's an des Menschen Wesen.
Es müsst doch irgendwie gelingen,
den Menschen zur Vernunft zu bringen.

So forscht der Dichter, sucht mit Qual,
und birgt aus sich ein Ideal,
das allen Unrat niederschleift,
wenn es nach Menschenherzen greift.
An diesem muss die Welt gesunden,
gelobt sei der, der es gefunden!

Um Menschen auf den Weg zu leiten,
will er es eifrig nun verbreiten
und hört nicht auf, sein Lied zu singen,
um Mensch und Welt d'accord zu bringen.

Der Mensch spricht: „Was Du da gekritzelt,
das hat mir schön das Herz gekitzelt.
Auch insgesamt ganz kolossal.
Na ja, bis dann, ich muss dann mal."

Da verfinstert sich dräuend die Dichterstirn,
nachtschwarze Gedanken umwölken sein Hirn
und er fährt wie ein Blitz vom Himmel herab
bis tief in die Tiefen der Erde hinab.

Und dort bezeugt er, was die Welt
im Innersten zusammenhält,
steigt aus dem Dunkel zum Menschen herfür.
Der fragt: „Holst Du mir aus dem Keller ein Bier?"

So verlässt der Dichter die Sphären der Welt
und steigt hinauf über das Sternenzelt.
Schwebt rastlos als reiner Geist durch das All,
sieht Schöpfung, Werden, Vergehn und Zerfall,
das Universum erblickt er am Ende der Zeit,
kehrt heim mit der Botschaft der Ewigkeit:
„Erkennt, ihr Menschen, dass Gott ist tot!"
Sagt der Mensch: „Einmal Pommes weiß-rot."

Nun spricht der Dichter: „Ihr könnt mich mal!"
Der Mensch schweigt betroffen und ruft dann: „Genial!
Dieser Ausdruck, mit dem er den Rahmen sprengt,
und wie er uns zeigt, wo der Hammer hängt.
Diese Botschaft verfasst mit solch einer Kraft,
die uns so eindringlich Erkenntnis verschafft."

Geläutert ruft er hinter dem Dichter her,
der ist schon weit fort und hört ihn nicht mehr:
„Dichter, wir werden Dich niemals vergessen!"
Und dann sagt der Mensch: „Was gibt's heut zum Essen?"

Feder gegen Schwert

Historie hat uns oft gelehrt:
die Feder schlägt das Kriegerschwert.
Denn ob auch Weltreiche verblühen,
so leben fort die Theorien
der Denker, Wissenschaftler, Philosophen
und auch der Dichter Vers und Strophen.

Wie viele Völker kennt man nur,
durch die Errungenschaften der Kultur?
Wie viele Siege, ob sie auch errungen,
sind heut vergessen, da sie nicht besungen?

Doch Menschen, Orte, Reiche dauern fort
durch schriftlich ewig festgehalt'nes Wort.
Wie man's auch wendet oder kehrt:
Feder stets mächtiger als Schwert.

Daher das Folgende doch stark verwundert,
wie war's im vorigen Jahrhundert?
Konnten vielleicht die werten Kollegen
mit ihren Schreibmaschinen viel bewegen?

Konnten die Zeilen, die fleißig sie füllten,
verhindern, dass die Kanonen brüllten?
Man überhörte die Stimmen der Schreiber partout,
doch liest man sie heute, stimmt man oft zu.

Nun sitze ich da und überlege mir:
Können Kugelschreiber, Tastatur und Papier
verhindern, dass heute die Lenkraketen
Satelliten gestützt in Verwendung treten?
Schrieb ich: „Kein Krieg! Keine Religion!"
Wen interessierte das denn schon?

So bleibe ich sitzen, verstockt und versauert
und hoff, dass mein Text einen Krieg überdauert.

Ignoranz

Gedichte lesen macht keinen Sinn.
Ein Glück, dass ich kein Leser bin.
Was kratzt mich, dass da so ein Typ
vor hundert Jahren etwas schrieb,
nur über Liebesschmerzen flennt,
und Worte braucht, die niemand kennt.

Das interessiert mich nicht die Spur,
auch nicht Geschichte, Politik und Kultur.
Warum darüber etwas wissen?
Ich find die Themen voll beschissen.
Doch davon schreiben die immerfort,
warum aber nie ein Wort über Sport?

Gedichte schreiben hat keinen Sinn,
weshalb ich auch kein Schreiber bin.
Ich pack nur dann Probleme an,
wenn sie ein Faustschlag lösen kann.
Was soll ich auf Papier lamentier'n,
das wird mir sicher nie passier'n.

Und dann diese ganzen modernen Passagen,
diese sinnüberfrachteten Wortcollagen,
über Großstädte, in denen „die Einsamkeit schwelt",
wo völlig der Zusammenhang fehlt,
und man zum Schluss nur eines blickt:
dass der Kerl nicht sauber tickt.

Gedichte machen keinen Sinn.
Wie gut, dass ich ein Arschloch bin.

Späte Geburt

Es haben die Menschen vergangener Zeit
so schöne Gedichte geschrieben.
Ich hätte sie alle gern selber verfasst.
Nun ist mir nur dieses geblieben.

Optimist und Pessimist

Der Opti- sprach zum Pessimisten:
„Mein Lieber, möchtest Du vielleicht
aus dem halbvollen Glas hier trinken?"
und hat es diesem dann gereicht.

Der sagte: „Was? Das nennst Du voll?
Das ist doch schon so gut wie leer.
Wer weiß, wie lang das hier schon steht?
Und überhaupt, wer weiß denn wer
da alles schon hineingespuckt?
Da hol ich mir bestimmt die Pest.
Bleib mir vom Leib, Du Hurensohn,
der mich fast so was trinken lässt."

Da dachte still der Optimist:
„Wie schön, dass dieser edle Kelch,
fast voll gefüllt mit kühlem Nass
zur Gänze nun mein eigen ist."

Slammer

Kennt ihr Slammer, die beim Lesen
Zettel mit den Händen fassen
und dieselben ausgelesen
flugs zu Boden gleiten lassen?

Diese Geste wirkt so groß,
suggeriert „Hab keine Zeit",
ist dynamisch, hektisch, planvoll
und zeigt höchste Lässigkeit.

Wollen sie uns damit zeigen,
wie sie selbst ihr Werk verachten,
oder dass sie nonchalant
es mit Leichtigkeit vollbrachten?

Wollen sie uns provozieren,
uns, die von den Lippen trinken,
oder soll aus Dichtershöhen
das Werk zu uns hernieder sinken?

Seh ich Slammer so auf Bühnen
Zettel auf den Boden müllen,
dringt der Ruf aus meinem Bauch:
„Macht ihr das zu Hause auch!?"

Disput zwischen Schopenhauer und Hegel

Schopenhauer schrieb an Hegel:
„Gedichte sind wie Fingernägel!"
Darauf schrieb Hegel Schopenhauer:
„Erkläre mir das mal genauer!"

Und bald zu ihm die Antwort drang:
„Mal sind se kurz, mal sind se lang.
Und weiter, dass man's schwer verwindet,
wenn sich darunter Dreck befindet.
Und so verbringet man bisweilen,
viel Zeit damit, daran zu feilen."

Hegels Antwort schließet den Disput.
„Das ist ja alles schön und gut,
doch", also sprach der Philosoph,
„ist das Ganze mir zu doof."

Modus vivendi

Runzle Dich, Stirn, und trotze der Welt,
Du hast keine Freunde auf Erden.
Fletscht euch, ihr Zähne, und zeigt euch,
dass wir uns nicht geschlagen geben werden.
Ballt euch, ihr Fäuste, und schüttelt vor Zorn,
nicht Zeit, euch als Hände zu reichen.
Schwach ist, wer Risiken kalkuliert,
nur Stärke wird Rechnung begleichen.
So stehe ich hier, und da will ich hin,
drum spalte Dich, Meer, und weiche,
der Ellenbogen zielt aufs Kinn,
hol aus, Arm, zum Todesstreiche.

Es fallen die Feinde zu beiden Seiten,
im Staube verscheidet manch Streiter.
Triumphverbittert rinnt Schweiß von der Stirn
als Träne für tote Begleiter.
Jedoch die Macht wird allzu groß,
es bricht sich die Flügel der Sieger,
zu hoch hinaus, zu viel gewollt,
verächtlich stürzet der Flieger.
Erstickt, zerquetscht, ertränkt in Gewalten,
doch immer noch kämpft das verwundete Tier
und röchelt mit letztem Odemshauch
der Welt seine Galle herfür.

Öffne Dich, Herz, und umarme die Welt,
so wirst Du sie in Dir behalten.
Mit Größe, Liebe und Sanftmut
magst Du sie dann gestalten.

Zwei Herzen

Zwei Herzen wohnten einst in meiner Brust,
das eine rutschte, es hieß Lust,
vor Furcht in die Hose gegebenen Falls,
das and're schlug mir zum Hals.
Und als die Gefahr war gebannt,
stieg's mir zu Kopf und ward Geist genannt.
So haben sie neue Heimat gefunden,
das eine oben, das andere unten.

Sie führen gemeinsam mich durchs Leben,
mal ganz gut und mal gerade so eben.
Doch wenn ich was tu,
und sie stimmen nicht zu,
so zögern sie nicht, dies zu sagen.
Die Lust schlägt mir auf den Magen.
Des Weiteren mir das Folgende blüht:
Der Geist schlägt mir aufs Gemüt,
bis dass ich Gehör ihnen schenke
und was sie sagen bedenke.

Ja, diese zwei sind echt begabt,
sie haben bisher immer Recht gehabt.
Drum hab ich sie gern und kann sie gut leiden
und hoffe, sie schlagen noch lange, die beiden.

Die Bibel in Kurzform

Genesis, dann Christi Leid,
Offenbarung, weißt Bescheid.

Warenrückgabe

Ja hallo, spreche ich mit Gott,
hier ist das Leben.
Ich hatt' bei Ihnen unlängst schon
Bestellung aufgegeben.

Den „Mensch 3000" wollt' ich als Geschenk
für meine Frau, die Welt oder auch Erde,
das vorige „Modell 2000" gab
uns Anlass zur Beschwerde.

Der „Mensch 3000" sollt es sein
mit manchem Zusatz-Feature.
Nein, gekriegt hab' ich ihn schon
doch leider Gottes quietscht er.

Auch scheint es mir, als habe man
so manches missverstanden.
Ach, das verwundert mich doch sehr,
der Bestellschein kam abhanden?

Nun also seh ich mich gezwungen,
noch einmal vorzubeten,
was ich gern hätt', das Sie aus Lehm
und Ihrem Odem kneten.

Zuallererst ein freier Kopf
mit weitem Horizont und Flausen.
Und bitte nicht aus dickem Holz,
wir haben schon genug Banausen.

Darin, ach, Adleraugen waren aus?
Und auch der Adlerfittich?
Na, Argusaugen sind noch da,
nein, keinen Wellensittich.

Dann hatte ich 'ne Stirn gewünscht
hoch und glatt zum Trotzen.

Doch Ihr Modell hat sie zu oft
und bietet sie mit Protzen.

Auch seine Zähne zeigt er nur,
wenn er sich mal das Maul zerreißt.
Aus Angst, dass wer ihm einen zieht,
er sonst sie nur zusammenbeißt.

Das Herz sollt an den rechten Fleck,
und zwar nach links, Sie wissen, was ich meine.
Jedoch dem Menschen schlägt's zum Hals
und rutscht in Hosenbeine.

Zwei Schultern hatte ich bestellt,
zum darauf Nehmen eine bitte leicht.
Die andere war zum daran Weinen da,
doch Sie haben sie kalt geeicht.

Das Ohr und nicht das Bein sei offen,
für Sorgen seiner Lieben
und außerdem am Puls der Zeit
wachsam gespitzt, so hatte ich geschrieben.

Dahinter können Sie dann gern
- oder vielleicht besser im Nacken? -
den Schalk, na sagen wir doch ruhig mal,
so circa faustdick packen.

Die Nase lassen Sie ganz weg,
sie bringt nur unnötige Zwänge,
sie ist mal voll, mal weis und selten vorn.
Ja schon, sie läuft, doch nur um Nasenlänge.

Nein, dass man dran gut führen kann,
und man dann nach ihr geht,
was nützt's, dass man drauf tanzen kann?
Das ist zu unkonkret.

Dann dieses Cerebralprogramm

„Glaube™" ist es benannt,
doch habe ich bislang noch nicht
den Sinn und Zweck davon erkannt.

Ach so, für Organisation,
Vernetzung, Leerlauf, Routing,
und Zugriff auf den Server, ja?
Und hilft beim Troubleshooting?

Blockiert es nicht die anderen
Programme und auch leider
verhindert Kompatibilität zu den
Produkten anderer Provider?

Gewiss, es ist die Software
von Ihrer schönen Firma,
und Ihr Produkt läuft sicher auch
in Bagdad und in Birma.

Doch scheint es mir, bevor wir hier
noch lange um den Brei ausschweifen,
als wäre Ihr Modell, na, sagen wir,
als müsse es noch reifen.

Drum schicke ich es heute noch
am besten Ihnen gleich retour,
verbleibe bis zum nächsten Mal.
Bis dann. Ciao Ciao. Adios. Bonjour.

Amor vincit omnia

Du hast ja Recht, man soll nicht nur
ekstatisch sich durch Laken wühlen,
sich heiß umschlingen, sich begatten
und sich wie Gott in Frankreich fühlen.

Man soll nicht nur an Lippen saugen,
und immer ineinander stecken,
sich schwitzend auf und ab bewegen
und an verborg'nen Stellen lecken.

Wenn alle sich in Betten wälzten
und lustvoll in die Kissen stöhnten.
Wo käm man hin, wenn alle des',
und nicht mehr ihrer Arbeit frönten?

Wer triebe dann voran den Staat,
die Wirtschaft und die andern Sachen,
die doch den Menschen erst zu solchem
und täglich neu uns glücklich machen?

Wer würde da das Volk regieren,
Gesetzesparagraphen schreiben,
wenn alle ohne Unterlass
es morgens, mittags, abends treiben?

Würd niemand seine Pflicht erfüllen,
so führen weder Bahn noch Fähre.
Es würd nicht einer promovieren,
wenn keiner untervögelt wäre.

Das viele Bier blieb ungetrunken,
die Kinder würden nicht geschlagen.
Man müsste nicht in Kneipenrunden
die Ausländer im Land beklagen.

Kurz: wirklich alles läge brach,
was Menschen so auf Erden tun.

Bis auf das eine, würd ich meinen,
würd alles andere wohl ruhn.

Doch auch die Kunst wär übel dran,
und zwar in sämtlichen Bereichen:
Musik, Theater, Dichtung und so fort
müsst Amors Herrschaft wehend weichen.

Drum hast Du Recht, Du schöne Maid,
hinfort, entsteige meinem Bette.
Die Muse ruft, drum schreib ich ihr
jetzt ein oder auch zwei Sonette.

Italienischer Abend

1. Satz: Allemande

Al ristorante „A Roma":
Buona sera, signor' e signora.
Un tavolo per due persone.
Va bene, sì, un momento.

Due vino della casa per favore.
Antipasti e insalata verde.
Primo piatto pasta gorgonzola,
secondo piatto, formaggi e dolci.

2. Satz: Andantino

Parlando tutti complimenti,
sotto voce duetto scherzando.
Il conto. Andante con moto,
accompagnato a casa mia.

3. Satz: Finale maestoso

Allegro vivace con fuoco,
sempre crescendo, martellato,
accelerando intensivo ti amo forte,
presto stretta al forte fortissimo -
fermata - subito decrescendo
poco a poco morendo al fine.

Bravissimo!
Da capo?

Akademischer Gigolo

Man müsste, man sollte, man bräuchte, man würde,
Entwicklungshilfe, historische Bürde.
Ich denke, ich meine, ich habe gelesen,
globale Erwärmung, Irak, die Chinesen,
Verantwortung, Gentechnik: Fluch oder Segen?
Hingegen, deshalb, daher und deswegen,
Ja, ja, manchmal nein, zu Dir oder mir?
Na, dann eben nicht. Herr Ober, ein Bier!

Reisetipp

Willst heftig Du in Laken stöhnen
und kräftig für das Staken löhnen,
magst Tauben Du nicht grade wenig,
dann reise doch mal gen Venedig.

So schön

Du hast so schöne Augen, Du,
dass ich fast drin ertrinke.
So schön sind Deine Augen, Du,
vor allem, finde ich, das linke.

Besitzrecht

Ich lieh Dir einst mein Ohr,
und reichte Dir die Hand.
Mit Deinem ersten Kuss,
nahmst Du mir den Verstand.

Ich schenkte Dir mein Herz
und gab Dir meinen Körper hin,
so dass die Frage mich bewegt,
wie sehr ich noch mein eigen bin.

Erotische Schifffahrtsregel

An der Nase eines Mannes
erkennt man meistens wann es
Zeit ist, ihn mal anzusprechen
und mit ihm in See zu stechen.

An der Nase einer Frau
erkennt man oft nur ungenau,
ob sie einen Seemann sucht
und mit ihm ein Zimmer bucht.

Liebesschmerz und Liebesleid

Da liebt man wen, die will ein'n nich',
oder erst schon, dann trennt s'e sich,
weil es da einen andern gibt,
den sie noch etwas doller liebt.

Dann lange nix, dann wird s'e schreiben:
„Ach bitte, lass uns Freunde bleiben."
Dann sieht man, was das Gute ist,
dass sie ne dumme Pute ist.

Väterliche Gefühle

Sah eine bildschöne Frau vor zwei Tagen
mit toller Figur und mit Kinderwagen,
ihr Hemd lag eng an und war tief dekolletiert.
Dacht ich: „Schön, dass sich heut noch wer reproduziert."

Erspähte verstohlen die sinnlichen Brüste,
die Nahrung suchend ihr Kind oft wohl küsste,
auf dass es sich hungrig am Lebensquell labe.
Dacht ich: „Was für ein holder, seliger Knabe."

Liebesgedicht

Und wärst Du eine Blume,
so duftete die Welt nach Dir.
Und wärest Du ein See,
würd' ich nicht müde, Deinen Grund zu schaun.
Und wärest Du ein Stein,
Du lägest mir im Herzen.

Und wärest Du ein Baum,
in Deinem Schatten wollt ich ruhen.
Und wärest Du ein Fluss,
wie stürzte ich in Deine Fluten.
Und wärest Du ein Fels,
so baute ich mein Haus auf Dir.

Und wärest Du ein Wald,
in Deinen Hallen würde ich genesen.
Und wärest Du ein Meer,
ertränk ich freudenvoll in Dir.
Und wärest Du ein Berg,
bestiege ich Dich zweimal täglich.

Das Einsamenkorn[1]

Ein Samenkorn lag einst allein
in einem Beet im Sonnenschein
und sah verzweifelt um sich her,
ob nicht ein zweites bei ihm wär.

Es war die Einsamkeit so leid
und suchte traute Zweisamkeit.
Mit einem Partnersamenkorn
würd es dann wachsen ganz enorm.

Doch einsam war ihm das zu schwer
und schien ihm sinnlos, öd und leer.
Und statt zu wurzeln und zu keimen
begann's zu dichten und zu reimen.

Da hat ein Vogel recht geschickt
es mir nichts dir nichts aufgepickt.
Da war das Korn schön angeschmiert,
das wär als Baum ihm nicht passiert.

---

[1] in Anlehnung an „Das Samenkorn" von Joachim Ringelnatz

Die Nachtigall

Fly little nightingale,
soll ich Dich Sehnsucht nennen?
You'll never find a resting place,
man wird Dich niemals kennen.

Don't cease to raise your charming voice,
bleibst Du auch unverstanden.
And tell your heart up to the stars
sonst kommt es Dir abhanden.

And through the night, your voice may find,
ein freundlich nahes Ohr
to which your song familiar sounds,
kommt ihm als eigen vor.

Doch dringt der Klang zu Dir zurück,
how can it still your feeling?
Ein Echo ist's nur Deines Leids,
go find yourself the healing.

Großstadtgedickicht

Es war ein lauer Sommerabend
im Walde der Großstadtmaschinen,
als oben die Sternlein funkelnd und klar
und unten die Straßenbahn schienen.

Im silbern erhellten Fluss des Verkehrs
plätscherten Autos gen Tal,
Vom Mondlicht beleuchtet erschien
der bleiche Laternen fahl.

Und auf einer Lichtung
zwischen den Föhren
hört man vereinzelt
die Neon röhren.

Doch hält man inne und schauet genau,
viel Tiere sieht man da kreuchen,
ein Bagger gräbt dort seinen Bau,
Planierraupen fressen in Sträuchen.

Zur Ruhe der Nacht begeben sich
die Großwildmaschinen nun schon.
Nur fern der Stadt, vielleicht so bei Zeitz,
verhallt noch ein letzter Beton.

Wachtel in Wein[2]

Es raucht ein Ruß aus Küchenhall
auf Kochgeschirr wie Wogenschwall.
Ein Schrei'n, ein Schrei'n, ein deutlich Schrei'n:
Wer wird der Mahlzeit Retter sein?

Durch alle Herzen zuckt es grell,
und alle eilen schnell zur Stell,
und selbst der Säugling, fromm und kahl,
beschützt des Vaters Leibesmahl.

Lieb Vatilein, magst ruhig sein.
Bald stehet treu auf Deinem Tisch
die Wachtel in Wein!

Der Vater blickt in Herdesglüh'n,
aus dem die Feuerschwaden zieh'n,
und schwört mit stolzer Kampfeslust:
„Dich rett' ich, zarte Wachtelbrust.

Solang mein Hemd noch unverschwitzt,
und meine Faust der Handschuh schützt,
und schlagen Flammen über'n Rand,
ich gebe Dich noch nicht verbrannt.

Und ob der Qualm die Lungen sticht,
so lass ich Dich verkohlen nicht.
Reich mir das Wasser, sei so gut,
ich lösch des Herdes Höllenglut!"

Der Brand erlischt, es flennt das Kind,
durchs Fenster weicht der Rauch dem Wind.
„Ein Wein, ein Wein, der muss jetzt sein,
auf diesen Schreck schenk mir was ein."

_____

[2] ein Beitrag zur Rettung des deutschen Liedguts, Melodie „Die Wacht am Rhein"

34

Lieb Vatilein, magst traurig sein.
Fast stand schon treu auf Deinem Tisch
die Wachtel in Wein!

„So nähre uns Bewährtes schon,
greif' bitte mal zum Telefon.
Prost! Runter mit dem Brût Chandon,
dann gibt's heut Pizza Champignon."

Taube im Gras

Es lag eine Taube
wohl friedvoll im Gras
als ich durch die Felder ging
und sie meinen Blick einfing.

Ich merkte sogleich,
dass sie war wohl tot,
weil ihr Kopf etwas seltsam hing,
als ich durch die Felder ging.

Als ich mit dem Stabe sie drehte,
so dass sie zum Himmel spähte,
da sah ich Milliarden und Abermilliarden
dicker, fleischiger, weißlicher Maden,
die sich an der Taube gütlich taten.

Die hatte wohl eine Fliegenmutter
treusorgend, hätte ich gewettet,
kurz nach der Taube Tode,
in verwesenden Schoße gebettet.

Und wie ich so wandelte,
wurde mir klar,
wie seelenvoll und wunderbar
Mutter Gottes Wirken Natur doch war.

Denn nämliche Fliege mochte in Kindertagen
wohl manches Geschwister verloren haben,
Das hatte jene Taube nach dem Raube
zu ihren hungrigen Kindern getragen.

Der Räuber von einst
war Nahrung von später.
Mutter und Kind
zugleich Opfer und Täter.

Ergriffen, berührt, berauscht und geläutert,

ich diesen Gedanken nachhing.
Die Welt gehörte den Kindern
als ich durch die Felder ging.

Das Angebot

Hallo, ich bin der Tod,
ich hätt' für euch ein Angebot:
Liegt eure Welt vielleicht in Scherben?
Dann möcht ich für das Sterben werben.

„Der Tod ist wärmstens zu empfehlen",
wie meine Kunden stets erzählen.
Denn rütteln nicht an eurer Welt
Krieg, Terror, Bankencrash und Geld?

Und sein wir doch mal ehrlich,
das Leben ist beschwerlich,
und Sterben ist die einz'ge Medizin,
um all dem Unheil zu entfliehn.

Auch Ärger, Stress und Liebeskummer,
der Tripper nach der letzten Nummer
sind plötzlich fort und weggeblasen,
liegt ihr erst einmal unterm Rasen.

Schluss ist auch mit der Langeweile,
sowie der Hektik und der Eile.
Schon im Int'resse eurer Erben
will ich drum für das Sterben werben.

Doch möcht ich euch noch sehr ermahnen,
ihr sollt das nicht alleine planen,
denn derlei diffizile Sachen
sollten schon lieber Profis machen.

Ruft für das Unvermeidliche
den Profi für das Zeitliche.
Bucht bei mir früh die letzte Reise
- ich habe auch Studentenpreise.

Die Wahl der Qual, obliegt dabei
ganz euch, mir ist das einerlei.

Ob auf dem Abort, ob auf Minen,
ich kann euch da mit allem dienen.

Ob Totschlag, Krankheit, Herzversagen,
bei einem Unfall mit dem Wagen,
beim Skifahr'n im Lawinenschnee
- ich lief're auch nach Übersee.

Sterbt auf 'ner Reise voll Romantik
im Flugzeug über dem Atlantik.
Zerschellt an einem Bergmassiv
zum Gruppensonderspartarif.

Dann wird aus allen Bergesgründen
der frohen Kunden Kunde künden:
„Der letzte Schritt ist doppelt schön,
kannst Du ihn in Gesellschaft geh'n."

Ach so, ihr seid noch nicht bereit?
Ich find euch weltweit jederzeit.
Mein Angebot bleibt ja besteh'n.
Ich bin der Tod. Auf Wiedersehn.

Setzkasten für Grabinschriften für einen…

Wenn ich mal gestorben bin,
will ich nicht mehr leben.

… Beamten
Muss nicht mehr zur Arbeit hin,
nicht mehr Briefe kleben.

… Dichter
Der Musen wankelmüt'ger Sinn
wird ander'n Küsse geben.

… Geiger
Legt die Geige mir ans Kinn,
den Bogen bitte rechts daneben.

… Propheten
Sieben Tage wird in Finn-
land die Erde beben.

… Trinker
Aber jetzt und bis dahin
lasst uns einen heben.

Der Buntsandstein

Am Strande vor Stralsund
stand einst ein Mann auf Grund.
Sein Grund dafür war damals hehre,
so stand er bis zum Hals im Meere.

Denn zu der Stund band ihm sein Standbein
an einem Felsen aus Buntsandstein.
Den hatte er vor ein paar Stunden
hinausgetragen und sich drangebunden.

Stein und Bein umschlang ein Leinband,
die Hand umschlang 'ne Flasche Weinbrand.
So wollt er in den Wellen sterben
- das Fernseh'n würd an solchen Stellen werben.

Doch bald war nicht mehr Niedrigwasser,
so wurde es ihm widrig nasser.
Wie Felsen fest blieb sein Entschluss,
doch nicht das Band um Stein und Fuß,
so dass sich da schnell Stellen fanden,
die Wellen auseinander wanden.

Dem Meere so entwunden,
lag er dann arg zerschunden,
am Morgen in Stralsund
und
erwachte von den Toten
- mit Weinbrand macht man schlechte Knoten.

Doch wollt er nicht am Strande sterben,
mit seinem Blut den Sand verfärben
oder änderte er seinen Sinn?
Man weiß nur, er ging fort, doch nicht wohin.

Im Meere vor Stralsund jedoch
erinnert an ihn heute noch
gleich eines Heil'gen Schreines

der Felsen Buntsandsteines.

Und die Moral von der Geschicht:
Verzweifele am Leben nicht,
geh froh Dein kleines Wegesstück,
Du lässt immer was zurück.

Nachruf auf einen holländischen Dichter

Ein Dichter, der in Leiden schuf,
genoss bescheiden seinen Ruf,
dass er zwar mit viel Leidenschaft,
jedoch nur schuf, was Leiden schafft.

Ist dieser Schuft auch lang verschieden
wird Leiden heute noch gemieden,
Da seine Hinterlassenschaft
der hinterblieb'nen Leserschaft
Stadt und Dichtung, diese beiden,
konnt für ein Leben lang verleiden.

Die Jahreszeiten

I. Frühling

Frühling lässt mit lauem Wind
Haare flattern durch die Lüfte,
Paare schlendern durch den Park,
sanft die Hand gelegt um Hüfte.

Die Erde hat den Schnee verschlungen,
Knospen regen sich im Boden,
die Augen leuchten unbeschwert,
es schwellen Strom und Bach und Hoden.

II. Sommer

Sommer, Sonne, geiles Wetter,
Freibad, Titten, Bier und Eis,
keine Zeit für ganze Sätze,
dafür ist es jetzt zu heiß.

III. Herbst

Nun, da sich der Verfall einschleicht,
bleibt, was nicht mein ist, unerreicht.
Das Sonnenlicht wird schmerzlich knapp
und plötzlich sind die Blätter ab.

Und was im Sommer achtlos wir vergaßen,
das treibt uns nun durch leere Straßen.
Ich versinke in Melancholie,
der Herbst ist da, trara, trari.

IV. Winter

So haben wir auch dieses Jahr
bis hin zu seinem End gerettet.
Es zählt nicht mehr was früher war.
Das Leben ist vorbeigejettet.

Kein Sinn, was Neues anzufangen.
Wer sammelt jetzt noch Hoffnung ein?
Die Zeit verrinnt auf meinen Wangen.
Lass los, dann setzt der Schneefall ein.

Dann werden sich die Bäume biegen,
ich falle hin, stauch mir den Steiß.
Ich glaube, diesmal bleib ich einfach liegen.
Verdammter Schnee! Verfluchtes Eis!

Vergangenheit, Gegenwart & Zukunft

I. Vergangenheitsbewältigung

Bin meinen Kinderschuhen schon entwachsen,
in ihnen fiel das Laufen schwer.
Ich zog sie aus und ließ sie einfach liegen,
und heute brauch ich sie nicht mehr.

Es packte mich auch bald die Lust zu laufen,
ich lief und hielt seitdem nicht an.
Mit jedem Schritt aus meinen Kinderschuhen
ein neuer Weg vor mir begann.

Und unterwegs kam mir die Last abhanden,
im Elternhause einst geschnürt.
Ich glaub, sie fiel beim Laufen mir herunter,
ich hab es gar nicht gleich gespürt.

Braucht mit dem Essen nicht auf mich zu warten,
ich komme nicht zu euch zurück.
Lebt wohl, behaltet meine Kinderschuhe,
bin auf der Suche nach dem Glück.

II. Gegenwartsflucht

Bewusst zu leben ist schon hart,
drum flieh ich vor der Gegenwart.
Ich wag es nicht, kann mich nicht trau'n,
mir selbst ins eig'ne Aug zu schau'n.

Würd ich mir in die Augen sehen,
wie könnte ich vor mir bestehen?
Ich blickte durch mich durch wie Glas
und säh sofort mein Mittelmaß.

Und hinter mir am Horizont
erspäht ich, was ich nie gekonnt.
Die Einsicht wär zu schicksalsschwer,
drum tu ich, als ob's nicht so wär.

Leb dick und froh und ignorant,
verlasse niemals Hof und Land,
und flüchte mich in kleine Welten,
wo meine Worte etwas gelten.

Doch eines Tags holt sie mich ein,
dann platzt der Seifenblasenschein.
Dann kann ich nur noch herzlich lachen,
weil alle es genau so machen.

III. Zukunftsangst

Ich mach mir keine Sorgen
um morgen, jetzt und hier.
Die Sorgen, die ich habe,
die machen and're mir.

Überlegung

Warum schwere Balladen dichten,
wenn diese auf Papier verwesen?
Vierzeiler gehen schnell von Hand
und werden eher mal gelesen.

Nachrichten

Haben sie es schon gehört?
Es wurde im Radio davon gesprochen.
Neulich in der Nationalgalerie
ist ein Rembrandt ausgebrochen

Die Bedeutung der Psychologie in der Schifffahrt

Kaum ein Schiff pflügt heut durch Wogen
ohne einen Psychologen.
Der hilft dem Schiff aus Psychozwängen,
weil Schiffe doch so viel verdrängen.

Dankbarkeit

Der Psychologin schenk ich heut
zum Dank für ihre Diagnosen
ein Gebinde voller Freud
aus meinen Zwangsneurosen.

Gastronomische Erkenntnis

Dass auf jeden Topf ein Deckel passt,
macht nur dann für mich Sinn,
wenn da jemand entdeckelt,
dass ich in Topfform bin.

Gastronomische Enthüllung

Es ist ein Skandal, dass in Restaurants
die Arbeitsbedingungen das Personal gefährden.
Wussten Sie, dass Kellner sehr schnell
und leicht tablettsüchtig werden?

Der Draufgänger

Ich bin ein Waghals durch und durch
und spiele mit dem Feuer.
Selbst wenn ich mal nur Essen geh,
dann wird der Abenteuer.

Gute Nachbarschaft

Mein Nachbar hat 'nen Hund,
der macht mir in die Lilien.
Mein Nachbar hat viel Geld,
der macht in Immobilien.

Hunde

Ganz ehrlich, Hunde sind
mir leider nicht sympathisch.
Auch die Besitzer sind
mir häufig zu dogmatisch.

Verteidigung der Deutschen Bahn

Der Vorwurf, Schaffner wären kleinlich,
ist von der Wahrheit weit entfernt.
Ich hab die Herren von der Bahn
als großzügig meist kenn'gelernt.

Trari trara

Wenn Postboten durch unsere Straßen eilen
und ihre Post in die Kästen verteilen,
so soll dieses Vorbild Erkenntnis bezwecken:
Wer austeilt muss auch mal einstecken.

Halali

Nicht jeder darf das deutsche Wild
aus Wald und Wiesen uns entfernen.
Ein Jäger muss bevor er killt
für seine Abschussprüfung lernen.

Informatik

Informatik ist die Zukunft,
ihr Verständnis reichlich schwer,
doch ich gehe mit der Zeit,
dichte ich ab jetzt binär:

01110100
11010000
00110111
10010011

Designer

Elektrogeräte sind stilvoll gebaut,
auch wenn dies oft zur Bedienung kaum taugt.
Weil für den Erbauer Funktion wenig wiegt,
so kommt es, dass Designer Form unterliegt.

Journalismus

Willst Du einen Journalisten provozieren,
wird er sich sicher blutig revanchieren.
In Journalistenkreisen, das sei Dir bewusst,
ist Recherche Blutdurst.

Humanistische Erziehung

Als Kinder waren wir vorurteilsfrei
und offen im Großen und Ganzen.
Und in uns'rer Schulzeit da trugen wir
deswegen auch ganz tolle Ranzen.

Humanitäre Hilfe

Wer Hunger leidet, braucht kein Geld,
drum werb ich für Brot für die Welt,
weil diese sich dafür verwenden,
den armen Menschen Toast zu spenden.

Musicals

Zum König der Löwen, rate ich,
sollte man besser nicht gehen.
Ich habe da für teures Geld
nur Liondarsteller gesehen.

Richtigstellung zoologischer Hierarchien

Die Könige der Tiere sind nicht die Löwen,
diese Laien und zahnlosen Loser, oh nein!
Die einzigen Proftiere sind Lachse,
die Zahn-Profi-Lachse, um genau zu sein.

Kulturgeschichte

Es bahnt seit jeher die Kultur
sich ihren Weg auf zwei Schienen:
die eine sind die Schaffenden,
die and're die, die dran verdienen.

Positive politische Entwicklung

Leistung soll sich wieder lohnen,
wer Leistung bringt muss profitieren.
So will der Staat nun die Kleinkunst
in großem Stil subventionieren.

Es stehe nämlich zu befürchten,
wenn man nicht baldigst reagiert,
dass man hochqualifizierte Künstler
sonst an die Wirtschaft verliert.

Kritik

Wenn jemand mir ungefragt ungeniert
wohlwollend rät oder mich kritisiert,
nicke ich freundlich und denke: „Ich wette,
dass das Arschloch das selber nicht hingekriegt hätte."

Nachts in Neustadt

Es ist kein Platz auf dieser Welt,
wo Dummheit so sehr gilt als Tugend,
sich jeder für den Größten hält,
wie nachts bei der Neustädter Jugend.

Streichquartett im Radio

Zwei Violinisten sind aktiv
im Radio, das hör ich ohne Fehler.
Genau, nur zwei, definitiv.
Ich bin ein guter Geigerzähler!

Im Asia-Schnell-Restaurant

Tausend Zahlen sind zu wählen,
alles sei sehr zu empfehlen,
hastig wird sich hingesetzt,
die Bestellung durchgehetzt,
man fängt schon mit der Suppe an:
Essen! Wenn nicht jetzt, Wan Tan?"

Meister Bär

Kam ein Bär in einen Laden,
wollte einen Käse haben.
Und als gut gekämmter Bär
bekam er einen Camembert.

Kam er doch schon vor zwei Tagen
ungekämmt in jenen Laden,
bekam den Camembert drum nicht,
Meister Petze ärgert sich.

Das Eigentüm

Das Eigentüm, das Eigentüm
ist mir im Gründ nicht üngenühm
denn wie man's auch betrüchtet
das Eigentüm verpflüchtet.

Wozu verpflücht das Eigentüm?
Naja, zu jünem oder düm,
und hat man erst ein Eigentüm,
so schafft's dem Menschen ein Problüm.

Zu retten Sie vor dem Tyrünn,
da bütt ich meine Hülfe ün.
Sie dürfen Ihr's mir bürgen,
mein Eigentüm heißt üb'rens Jürgen.

Der Held

Der Held, den man zum Scheusal schickte,
verzichtete, als er's erblickte,
da er sich vor dem Schicksal scheute,
auf Ruhm und Ehre, Gold und Bräute.

Held und Schurke

Held und Schurke buhlen ums Herze Dein.
Der Schurke verspricht Dir Wein,
der Held wenigstens Wasser verspricht.
Der Schurke jedoch sein Versprechen bricht!
(der hält wenigstens was er verspricht…)

Überlegung des Fürsten

Der Bauer schafft mit Schonkraft,
wenn er nur für die Kron schafft,
jedoch zum Feld zu gehen liebt,
sobald man ihm ein Lehen gibt.

Bitte der Contessa

„Presst bitte nicht ins Mieder mich,
ich bin auch nicht mehr liederlich.
Man wird über mein Mieder lachen
und noch darüber Lieder machen."

Das Königsgeschenk

Empört rief da die Königin:
„Misstraust Du meiner Treu, mein Gatte?"
da dieser, als zur Schlacht er zog,
ihr einen Keuschheitsgürtel umgelegt hatte.

Der König erwiderte: „Aber nein,
ich entspreche nur Deinem Bitten!
Hattest Du nicht ein Lustschloss verlangt?",
und ist dann fort geritten.

Kriminalistische Faustregel

Wo Mörder nachts um Lampen schleichen,
entdeckt man morgens Schlampenleichen.

Neues aus der Landwirtschaft

Das Schwein in seiner Suhle stinkt,
dass man betäubt vom Stuhle sinkt.

Mörder, Räuber, Sittenstrolche

Wenn Menschen, die mit Beilen töten,
dass Körper sich in Teilen böten,
bewaffnet dann in Bänke schritten,
ums Öffnen stahl'ner Schränke bitten,
mit Anruf und versteckten Schriften
die Angst unter Verschreckten stiften,
so weiß man, dies bestritten solche:
Mörder, Räuber, Sittenstrolche.

Zahlenverse

Zahlenverse sind eine von mir erfundene Gedichtform, mit der man Ziffernfolgen in Gedichtform verschlüsseln kann. Jede Zeile codiert die der Silbenanzahl entsprechende Ziffer. Mit dieser Methode kann man sich wunderbar Jahreszahlen, Telefonnummern oder Geheimnummern merken. Hier ein Beispiel für eine Telefonnummer:

1	Ta
1	Tü
2	Tata.

oder für Jahreszahlen:

Mein Lebenslauf in Zahlenversen

1	Ich,
9	noch Ei, dann wachsend, schlüpfend, lebend.
8	So weit, so gut, doch wohin nun
0	?

1	Fall
9	der Mauer bunt bemalt im Fernseh'n:
8	Jubel, Tränen, Einigkeit, Kohl.
9	Geh schwer ergriffen wieder spielen.

1	Jahr
9	des Umbruchs: Auszug, Abi, Zivi,
9	Verstehen, Helfen, Denken, Fühlen.
9	Leben, Lieben, Schmerz kommt nächstes Jahr.

2	Uni
0	.
0	.
0	.

2	Diplom
0	.
0	.
5	und was nun?

usw.

Für Geheimnummern und PIN möchte ich empfehlen, sich ein eigenes Verslein zu bauen.

Zahlenvers -Schöpfung

Am
Anfang
war das Wort.
Dann kam ein Satz,
und dann ein zweiter.
Schon gab es einen Vers.
Der nächste ward zur Strophe.
Und schließlich druckt man ein Gedicht
mit anderen zusammen als Buch.
Das schenkst Du Deinen Freunden bei Besuch.

Musenküsse

I. Motivation

Die Muse küsst den Dichter dann,
wenn er nicht mehr ertragen kann,
das Unrecht, Elend, Not und Lügen,
das Schicksal, eig'nes Ungenügen,
und zeigt ihm dadurch unentwegt,
wie er die Trübsal niederschreibt und -legt.
Und daraus Reime noch zu machen,
dass andre Menschen drüber lachen,
die dann ihr Kreuze leichter tragen
und sich gestärkt ins Leben wagen.
Die Frage bleibt: Wem hilft es mehr:
dem Dicht- oder dem Zuhörehr?

II. Selektion

Den Dichter trifft der Musen Kuss,
so dass er danach dichten muss.
Doch denkt er dabei an den Kies,
so war der Muse Kiesen mies.

III. Evolution

Gelobet sei der Wankelmut,
es lassen auch die Musen
nicht jedes Mal den gleichen Mann
an ihrem Busen schmusen.

So schrieb schon mancher große Geist
auch eher unbedeutend,
und manches Werk von neuer Hand
war einzig Ruhm einläutend.

Auf diese Weise lenken sie
die Kunst auf neue Bahnen
und führen kleine Lichter aus
dem Schatten der Titanen.

Der alten Namen Mittelmaß
gibt Mut dem jungen Schreiber
und Musengunst und Fleiß macht ihn
zum Götterbergbesteiger.

An dieser Stelle dank ich für
die letzten sechzehn Zeilen
und hoff, die Damen mögen noch
recht lang bei mir verweilen.

IV. Kommunikation

„Hast Du je den Kuss verspürt,
der zur Dichtung drängend führt?
Kennst Du sie, die Muse?"
„Nö, wieso? Kennst Du 'se?"

V. Dedikation

Du holde Kunst, ihr Musen,
habt Dank für eure Küsse,
für die Musik, für manches Glück
und für die schriftlichen Ergüsse,
die sich stets dann ergaben,
wenn ihr die Sterblichen beglücktet
und eure Lippen, sanft und weich,
auf deren Wirken drücktet.

VI. Resignation

Komm holde Muse, Thalia,
und schenk mir Deine Kraft,
von Deinen Lippen sauge ich
den göttlich süßen Saft.

Zu Deiner Ehr erfreue dann
mein Werk die sterblich Herzen
und lindre Leid und stille Pein
und heil der Seele Schmerzen.

Ich bin bereit für Deinen Kuss,
die Lippen sind gespitzt,
der Bleistift auch, das Herz ist weit,
die Hände sind verschwitzt.

Doch bleibt er aus?
Wo ist Dein Segen?
Sollt vielleicht raus,
um mich mal zu bewegen.

Bin frisch gestärkt,
hab Luft geschnappt,
geh nun ans Werk,
das jetzt wohl klappt.

Ich schreib nur Mist,
mir fällt nichts ein,
Du blöde Kuh, knutsch doch wen anders,
dann lass ich's heute eben sein.

VII. Insomniation

Bin schon wieder aufgewacht
und hab diesen Vers notiert,
den die Muse mir gebracht,
weil sie in der Nacht so friert.

Als sie in mein Bett gekrochen,
deckte ich sie zärtlich zu,
schrieb das Verslein wie versprochen.
Hoffentlich gibt sie jetzt Ruh.

Brandauer und ich

Im folgenden Text soll es um das Aufeinandertreffen zweier Menschen gehen:

Der eine bin ich. Für den vorliegenden Text ist dabei nur wichtig, dass ich in einem Chor singe.

Die zweite Hauptperson dieses Textes ist kein Geringerer als Klaus-Maria Brandauer, bzw. Klaus Georg Steng, wie er mit bürgerlichem Namen heißt. Die genaue Herkunft seines Künstlernamens ist mir leider unbekannt. Brandauer nun ist, wie jeder weiß, einer der erfolgreichsten deutschsprachigen Schauspieler, bekannt durch seine Rolle als diabolischer Gustav Gründgens in der Verfilmung des Buches „Mephisto" von Klaus Mann. Er spielte in vielen Hollywood-Produktionen u.a. in „Jenseits von Afrika" an der Seite von Meryl Streep und Robert Redford sowie als Bond-Bösewicht neben Sean Connery und Kim Basinger. Er wurde für den Oscar nominiert, erhielt zahlreiche Film- und Theaterpreise und lebt als Regisseur und Professor in Wien.

Wir trafen anlässlich eines vorweihnachtlichen Konzertes mit Weihnachtsliedern und Lesung in Halle an der Saale zusammen, wie gesagt, ich singe in einem Chor. Brandauer war selbstverständlich für die Lesung zuständig, wir für die Weihnachtslieder. Da nicht häufig Künstler von Weltrang nach Halle kommen, war die Aufregung im Chor verständlicherweise groß: einmal IHN erleben, mit IHM auf einer Bühne stehen, wie ER wohl so ist? Auch das Hallenser Publikum war gespannt. Trotz des stolzen Kartenpreises von 40 Euro war die Händelhalle mit ihren 1.200 Plätzen schon Wochen im Voraus ausverkauft. Endlich kam der Glanz Hollywoods in diese graue Stadt und brachte den Menschen Hoffnung und das Gefühl, zu einer größeren, bedeutenden Welt zu gehören. Als Chorist sparte man sogar das Eintrittsgeld, musste allerdings zur Strafe Weihnachtslieder singen.

Schon im Vorfeld heizte die Erwartung dieses musikalisch eher unbedeutenden Auftritts die Stimmung im Chor an wie kein zweiter. Lange nicht gesehene Mitsänger tauchten plötzlich wieder auf, und wir erreichten eine für Weihnachtskonzerte ungewöhnliche Chorstärke. Böse Zungen fragten, warum Brandauer gerade nach Halle käme.

War er in richtigen Städten nicht mehr gefragt? Warum war er so kurz vor Weihnachten nicht in Berlin, Wien oder München engagiert? Gehörte er schon zur Riege der abgehalfterten Altstars, die auf dem Absturz von der Karriereleiter nur noch kurz in der Provinz hielten? Es wurde von Alkoholproblemen gemunkelt, und jeder konnte sich nur zu gut vorstellen, wie so etwas passieren konnte:

Wenn der Star nach der Aufführung ganz allein vor dem Garderobenspiegel mit den Reihen weißer Glühbirnen sitzt und sich abschminkt, immer noch den rauschenden Applaus in den Ohren für die Rolle, die nun zusammen mit der Schminke von ihm abfällt. Und er sieht in den Spiegel und fragt sich, wer er eigentlich ist jenseits der Bühne ohne die Rollen, ohne Maske, ohne Publikum. Was hat er denn erreicht im Leben? Und dann kommt die Einsamkeit des unverstandenen Künstlers mit aller Gewalt über ihn, und er fühlt diese endlose innere Leere, die sich nie füllen, sondern nur betäuben lässt.

Gewiss, er wird gefeiert, besitzt Weltruhm, wurde mit Preisen überhäuft, aber der Zenit ist überschritten, das ist ihm schmerzlich, und den Kritikern genüsslich bewusst. Nur das Publikum hat es noch nicht bemerkt. Angeblich aus Leidenschaft kehrt er dann zurück an ein kleines Theater, in Wirklichkeit aus Angst vor dem unfreiwilligen Abstieg. Dort lebt er als großer Fisch in einem kleinen Teich und nutzt seine Position als Star, um junge, talentierte, aufstrebende Schauspielerinnen nach der Aufführung in der Garderobe oder im Hotelzimmer durchzuvögeln, bis sie dann Ansprüche stellen oder unbequem oder gar schwanger werden. Und dann muss man die Vaterschaft anzweifeln und die aufstrebende Schauspielerin verliert die Anstellung, und man zahlt Alimente und der uneheliche Sohn wird später auch Schauspieler, gilt als Talent und jeder weiß, woher er's hat und alle Türen stehen ihm offen.

Eheliche Kinder und die dazugehörige Frau gibt es nicht. Das war nicht zu vereinbaren mit den ständigen Arbeiten an

Sets in den USA und den Theaterfestspielen in Salzburg, und dann gefiel man sich in der Rolle des erfolgreichen Junggesellen, und dann war es plötzlich zu spät, diese Rolle noch eigenmächtig zu wechseln. Da war der Alkoholismus der folgerichtige letzte Schritt zu einer nicht schützenswerten Existenz, um endlich diese verdammte innere Leere nicht mehr zu fühlen, die einen jeden Abend beim Abschminken verschlingt, wenn man die Rolle hinter sich lässt und man allein ist mit den Glühbirnen am Garderobenspiegel.

Wäre allerdings auch denkbar, dass Brandauer gar keine unehelichen Kinder hat. Er war jedenfalls lange verheiratet, hat aus dieser Beziehung einen Sohn, ist verwitwet und seit 2007 zum zweiten Mal verheiratet. Und das Burgtheater in Wien ist eigentlich auch keine schlechte Adresse. Vielleicht ist er also ganz glücklich.

Grund dazu hätte er vermutlich.

Für derlei Gedankenspiele ist jetzt allerdings keine Zeit, denn wir befinden uns nun direkt hinter der Bühne der ausverkauften Händelhalle, das Konzert hätte vor fünf Minuten beginnen sollen, der Chor steht zum Aufmarsch bereit, aber Herr Brandauer befindet sich noch in seiner Garderobe. Ob er doch trinkt? Jedenfalls lässt er das Publikum unverschämterweise warten, wie man es von einem abgehalfterten Star in der Sinnkrise erwarten würde. Überhaupt soll er recht arrogant sein und nur über seinen Manager mit den Sterblichen kommunizieren.

Dann endlich kommt er und – Klischee lass nach – er ist kleiner als man dachte, so ca. eins-siebzig, und begrüßt uns freundlich, plaudert ein wenig aber nicht zu viel. Alles in allem also ein rundum sympathischer, älterer Herr mit Goldrandbrille und der charakteristischen Brandauer-Warze links des Kinns. Und er ist nur einen Meter von mir entfernt – ein Star zum Anfassen.

Eine Alkoholfahne ist nicht wahrzunehmen.

Jetzt müsste man ihn ansprechen, damit man später einmal lässig sagen kann: „Ich habe mit ihm gesprochen."

Aber wie?

Vielleicht „Ich fand ihren Film ganz toll"? Hat er doch

schon tausendmal gehört, außerdem habe ich keinen seiner Filme gesehen, nicht mal den James Bond. Ihm das zu sagen wäre aber auch Quatsch, was sollte er darauf schon antworten. Vielleicht sollte man um das Gespräch zu beginnen etwas Neutrales sagen wie „Hatten Sie eine angenehme Anreise?" oder um sein Interesse zu wecken etwas Ungewöhnliches wie „Glauben Sie an ein Leben vor dem Tod?" oder etwas Intellektuelles wie „Was halten Sie von der Kulturpolitik der Bundesregierung?" oder „Wie bewerten Sie die politische Lage im Tschad?". Das wäre doch mal was anderes.

Aber warum sollte man das ausgerechnet Brandauer fragen? Man quatscht ja auch nicht Leute auf dem Bahnhof an mit „Hatten Sie eine angenehme Anreise?"

Ist doch eh alles Scheiße mit diesem Personenkult um Prominente, sind doch auch nur Menschen - so wie ich. Aber vielleicht könnte man etwas Eigennütziges vorbringen: „Herr Brandauer, ich schreibe übrigens auch Gedichte und habe gerade ganz zufällig ein paar dabei. Wenn Sie hier mal reinschauen wollten."

Na ja, hört er bestimmt auch fünfmal die Woche. Aber vielleicht sagt er auch: „Klar, her damit, weiß sowieso noch nicht, was ich gleich lese."

Doch noch während ich die Möglichkeiten im Geist durchspiele, bekommt der Chor das Zeichen zum Auftritt, schließlich wartet das Publikum nun schon seit zehn Minuten.

Nach uns tritt Brandauer auf, wird von Beifall überschüttet, verbeugt sich fast schüchtern und setzt sich an einen einfachen, abgenutzten Holztisch im Spotlight am Bühnenrand. Auf dem Tisch stehen lediglich ein Mikro und das obligatorische Wasserglas, und es liegt da natürlich die Mappe mit den sorgsam ausgewählten Texten. Der einsame Tisch im Lichtkegel erinnert an die Abgeschiedenheit einer Klosterzelle. Wir blicken in das Refugium des Dichters. An diesem Tisch hat Brandauer die Texte gerade eben erst zu Ende geschrieben und wir sind nun heimlich dazugeschaltet, wenn er sie zum ersten Mal Wort werden lässt. Diese schlichte Plattform, ja fast weltentrückte Matrix, wird gleich zum Fundament werden für die prächtigsten Gedankenpaläste, wird Keimzelle phantastischer Universen, die ausschließlich aus Sprache entstehen, und zwar in den buntesten Farben und im Großformat, um damit im schmerzlichen Kontrast zu der Kargheit des kleinen Holztisches zu stehen, der zum Sinnbild unserer irdischen Existenz wird.

Es wundert, dass Brandauer nicht aus einer an Spitzwegs armen Poeten gemahnenden Installation mit Bett, Zipfelmütze und Regenschirm heraus rezitiert.

Wie alle Anwesenden erwarte ich gespannt die ersten Worte Brandauers. Vielleicht kann ich mir etwas von ihm abschauen. Eventuell springt ein Funke, etwas von seinem Karma, seinem Moyo, auf mich über, und ich werde nach der Lesung ein neuer, besserer Mensch sein. Diese Hoffnung tragen sicherlich viele Zuhörer im Herzen.

Und tatsächlich, Brandauer entfesselt ein Feuerwerk von Bildern, zieht alle Register seines schauspielerischen Könnens, lässt jede Facette seiner wohltemperierten Stimme aufblitzen. Er spricht tief und beruhigend, dann kindlich, dann ruft er, schreit sogar, lacht und jammert.

Alle sind gefangen in den beschworenen Bildern.

Leider verstehen wir vom Chor kein Wort von dem, was er da liest, denn die Lautsprecher stehen vorn am Bühnenrand Richtung Publikum, bei uns hinten kommt nur Brei an. Wir sind aber trotzdem sicher, dass da was Großes passiert.

Der fein modulierte Klangbrei ermöglicht es allerdings, den sinnleeren Raum nach Belieben geistig zu füllen, und plötzlich drängt sich mir das Bild von Brandauer als Mephisto auf, der den Hallenser Großeltern und ihren Enkeln scheinbar biedere Weihnachtsgeschichten vorliest, die aber subtil teuflische Versuchungen enthalten, um die Großmütter zu sündigen Ausschreitungen zu verführen. Ich sehe, wie der Teufelsschwanz aus Brandauers Hose ragt und sich um das Bein des Hockers wickelt. Warum fällt das niemandem auf?

Vielleicht irre ich mich auch, jedenfalls kommt es zu keiner Ausschreitung. Die Geschichten sind offenbar tatsächlich etwas piefig. Ich überlege, ob ich das Chaos noch retten kann, indem ich mich unangemessen verhalte und etwas dazwischen brülle oder nach vorn laufe und Brandauer vom Hocker stoße. Natürlich hätte so ein kultureller Terroranschlag weitreichende Folgen für mich und den Chor.

Ich erkenne mit Faszination, dass ich ein personifizierter Unsicherheitsfaktor dieser Aufführung bin und genau wie Brandauer die Macht besitze, den 1.200 Zuschauern ein unvergessliches Konzerterlebnis zu verschaffen. Ich bade mich ein wenig in diesem Gefühl.

Da ich aber kein Wort von Brandauer verstehe, erweist es sich als schwierig, eine treffende Bemerkung zu platzieren, und ich verwerfe meine Anschlagsbestrebungen aus Rücksicht auf den Chor und natürlich auch aus Angst vor persönlichen Konsequenzen. Außerdem sind wir jetzt dran mit Singen.

Während wir singen, dreht sich Brandauer auf seinem Hocker zu uns um, als wolle er sein Interesse an uns bekunden. Vielleicht will er auch das Interesse des Publikums von sich auf uns lenken. Wie ungeheuer bescheiden und sympathisch. In diesem Moment ist er nur einer von vielen Zuhörern. Vielleicht mustert er aber auch die Chordamen und überlegt sich, welche drei er sich vertragsgemäß später in die Garderobe liefern lässt.

So geht das Konzert seinen Gang, Brandauer braut Klangbrei, wir singen Weihnachtslieder. Zur Zugabe stellt sich Brandauer mit in den Chor und zeigt „Ich bin auch nur einer von vielen Mitwirkenden gewesen". Nur zufällig steht er dabei neben einer jungen Sopranistin mit langen, blonden Haaren und hakt sich bei ihr ein, der alte Lustgreis!

Auch die Beifallsstürme lässt er nur widerwillig über sich ergehen, deutet immer wieder auf den Chor und überlässt uns die Bühne ganz, als er sie nach dem zweiten Abgang nicht noch einmal betritt. Wir treffen ihn hinter der Bühne, wo er mit bereits gepackten Taschen an uns vorbeihastet. Bloß schnell weg aus der Provinz!

Seine Gage für den Abend soll übrigens 25.000 Euro betragen haben, sehr wahrscheinlich also eine Monatsrate für seinen

Viertwagen. Vermutlich muss er davon aber noch einen nicht unwesentlichen Betrag an seinen Manager, seinen Agenten, die Sekretärin, den Image-Berater und weitere Blutsauger seines Erfolgs abgeben, und dann kommen ja noch die Alimente an die eine oder andere junge Schauspielerin dazu. Ihm bleibt also nicht viel.

Mir aber bleibt die Frage: warum suchen wir die Nähe zu Prominenten und zahlen bereitwillig so viel dafür? Ist es, damit wir uns einreden können, dass wir nicht in der Provinz leben, sondern mitten im Geschehen der Zeit stehen? Hoffen wir, dass ein wenig von dem Glanz der Bedeutenden auf uns abstrahlt und die endlose innere Leere in uns erhellt? Bezahlen wir, um uns davon zu überzeugen, dass sie auch nur Menschen mit Fehlern und Schwächen sind, oder haben wir tatsächlich einen persönlichen Gewinn davon, sie zu erleben?

Zumindest mich hat Brandauer zu diesem Text inspiriert.

Aber ob das seine Gage wert war?

Prosa ist doof

Jeder kann einen Prosatext schreiben!
Aber ein Gedicht
nicht!

Dichtung

Hallo, verehrtes Publikum,
ihr sitzt hier grade so herum
und schaut in meine Richtung,
drum frag ich: „Was ist Dichtung?"

Zuallererst lässt sich erörtern,
besteht sie irgendwie aus Wörtern,
die dann zu Zeilen, Versen keimen,
die sich wo möglich auch noch reimen.

Das letztere ist zwar nicht Pflicht,
und mancher Dichter tut das nicht.
Bei Paul Celan und Bertolt Brecht,
da passen Reime häufig schlecht.

Auch Versmaß und so Normen,
die sonst die Verse formen,
sind minderer Gewichtung.
Drum frag ich: „Was ist Dichtung?"

„Ich find, es macht erst irgendwie
der Inhalt was zur Poesie.
Der Text muss eine Botschaft haben,
an der sich unsre Herzen laben."

„Wer hat denn das nun vorgebracht?
Das ist doch reichlich kurz gedacht.
Es wird durch Inhalt nun ja nicht,
auch alles sofort zum Gedicht."

Bevor sich jemand hier verbeißt,
sag ich mal, was es für mich heißt.
Nach reiflicher Belichtung
ist dieses für mich Dichtung:

Allein das Wort verrät sofort,
um „Dichte" geht's beim Dichtungssport.

Oder - wie sag ich's durch die Blumen? -
um hohe Masse pro Volumen!

Gemeint sind inhaltliche Massen,
die sich in Textvolumen fassen.
Ein Dichter wird also probieren,
den Wert des Terms zu maximieren.

Je mehr an inhaltlicher Schwere
auf kleinstem Raum verpacket wäre,
je größer wär die Dichtungskunst,
und folglich auch der Hörer Gunst.

Doch wie ist Dichte nun zu machen?
Schon ein Wort meint viele Sachen.
Beginnt man die zu kombinieren,
kann man den Sinn multiplizieren.

Erweckte Assoziationen
erschaffen tausend Illusionen,
die sich im Geist manifestieren
und völlig unbewusst passieren.

Die Bilder dann beschwören
durch individuelles Hören,
das Schöne, Kranke, den Effekt,
der sich als Inhalt hielt versteckt.

Sag ich: „Ich gehe jetzt nach Haus."
so denkt ihr: „Wie sieht's da aus?
Zwei Zimmer, Küche, Bad, Balkon?
Plattenbau aus Waschbeton?

Hat er Tiere, Pflanzen, Telefon?
Ist er müde? Warum geht er schon?
Wartet da wer, der die Tür aufmacht,
oder hängt er sich auf, noch heute Nacht?"

So beansprucht dieser eine Satz

ein Vielfaches von jenem Platz,
den dieser auf Papier besetzt,
hat er erst euren Geist benetzt.

Die Dichtung also meint,
stets mehr als bloß erscheint.
Die Kürze ist die Konsequenz
und hoher Dichtung Quintessenz.

Ihr werdet euch nun fragen:
„Was will er damit sagen?
Obwohl er uns schon länger plagt,
hat er bisher nicht viel gesagt.

Zeigt er uns damit grade an,
dass er wohl nicht gut dichten kann?"
Auch wenn es vielleicht so erscheint,
so hab ich das nun nicht gemeint.

Ich wollte euch nur präparieren,
um nun ein Werk zu präsentieren,
mein Meisterstück, mein Chef-Pamphlet,
das ihr erst jetzt vollends versteht.

Es ist die Weltgeschichte
in allerhöchster Dichte.
Die Krone aller Dichtung,
ihr Ende und Vernichtung.

Ist dieses Werk erstmal vernommen,
kann kein Gedicht danach mehr kommen.
Die Weltöffentlichkeit durchfährt ein Schrei:
das Ende der Lyrik! - und ihr seid dabei.

Dies Opus habe ich geschrieben,
im Jahr des Herrn Zweitausendsieben.
Ich bitt um Ruhe im Salon.

Es heißet „Aach bis Azymon[3]".

Aach bis Azymon

A

So viel Inhalt auf so wenig Platz,
ist das nicht ein sprachlicher Schatz?
So viel Sinn auf so engem Raum,
ist das nicht ein poetischer Traum?

Ist das nicht höchstes Maß an Dichtung?
An parallelem Sinn in Überschichtung?
Der Buchstabe A für jedes Ding,
das je mit einem A anfing.

Alles mit A, ja selbst der Aal.
Ich bitte euch, ist das nicht genial?
Denkt doch mal an Anarchie,
an Abflussrohr oder Apathie.

An Apfelsine, azurblaues Meer,
Agaven, Apachen, Amazonenheer.
Auch jeder Laut, wirklich alles geht,
was mit A irgendwie in Verbindung steht.

Ein A der Angst, des Schmerzes, des Schrecks,
ein A der Erleichterung des gedeckten Schecks,
ein A der Lust, ein A des Leids,
ein A der Missgunst und des Neids.

Ihr fragt euch jetzt: „Ja, wie?
Meint er jetzt Aal oder Anarchie?"
Das ist es doch, es ist alles drin,
hört doch noch mal richtig hin.

---

[3] Azymon, das: ist ein ungesäuertes Brot (Anm. des Autors)

Der Aal im Atlantik, die Alpen im Abendlicht,
die Angst, wenn in Aachen Anarchie ausbricht.
Seht ihr die Bilder, seht ihr den Aal?
Nein? Dann les' ich noch mal:

Aach bis Azymon

A

Jetzt habt ihr ihn aber gesehen,
ich wusste, ihr würdet mein Werk verstehen,
es schätzen und preisen und ehren und lieben.
Für euch habe ich einen Zyklus geschrieben.

Ja, ein Zyklus ist es, ein echtes Traktat,
ich les' es gleich vor, ich hab's hier parat.
Es sind Gedichte in großer Zahl,
und zwar 26, es sind alle genial.

Der Zyklus heißt übrigens „Alphabet".
Ich sehe gerade, es ist leider schon spät.
Da muss ich wohl gerade in dem Moment passen,
und wo es so schön ist, die Bühne verlassen.

Ich hätte den Zyklus so gern noch gelesen,
kommt, wenn ihr wollt, doch gleich rüber zum Tresen.
Dann hören nur ihr und ich, nur wir zwei,
das Ende der Dichtung, und ihr wart dabei.

Gedichttitel in alphabetischer Reihenfolge:

Danksagung:

Ich möchte mich bei all denen bedanken, die meine Gedichte in den letzten Jahren mit Vergnügen gehört oder gelesen haben und der Existenz dieses Druckwerkes dadurch Berechtigung verschafft haben.

Ich danke meinem Vater dafür, dass er mir vorbildlich die Freude am Verfassen eigener Gedichte vermittelt hat. Meiner Frau Undine sage ich dafür Dank, dass sie mich mit dem Werk Robert Gernhardts in Berührung gebracht hat. Ihr und meinem Bruder Volker bin ich zusätzlich dankbar für die Kommentare und Vorschläge zu diesem Buch.

Bei meinen Kollegen von „Vocal Recall" bedanke ich mich dafür, dass sie mir erlauben, meine Gedichte auf der Bühne zu präsentieren.

Über den Autor:

Dieter Behrens, 1980 in Hamburg geboren, studierte Biologie in Hamburg und Halle an der Saale, wo er über Honigbienen (Apis mellifera L.) promovierte. Er war außerdem als Poetry-Slammer aktiv und ist Chorsänger. Seit 2010 tritt er als Sänger mit dem Musikkabarett-Ensemble „Vocal Recall" auf deutschen Kleinkunstbühnen auf.

Er lebt mit Frau und Kind in Berlin. „Nicht-Ganz-Dichtkunst" ist ergänzend zu seinen wissenschaftlichen Veröffentlichungen sein erster Lyrikband und enthält den Großteil seiner Werke aus den Jahren 2003 bis 2014.